In stillen Gedanken

Luke Ernesto

Dan Pönicke

Sonntagskluft

Gedichte

Oktober 2016
&
ein paar frühe Werke

*Bibliografische Information der Deutschen National-bibliothek:
Die Deutsche Nationalbibliothek verzeichnet diese Publikation in der Deutschen Nationalbibliografie; detaillierte bibliografische Daten sind im Internet über http://dnb.dnb.de abrufbar.*

© 2017 Dan Pönicke

Herstellung und Verlag: BoD – Books on Demand, Norderstedt

ISBN: 978-3-7431-7370-5

Die auslösende Bewegung
bei der Niederschrift
war vergleichbar mit einem
Krankheitsprozess

-Karl Krolow-

Menschen können ungeheuer
anpassungsfähig sein,
können sogar Mustergefangene
abgeben, wie es das Beispiel
„Dr. Romand" illustriert

-Alice Miller-

Der beste Zeitpunkt ist ein Sonntag.

Einer, an dem die Scheiße aus dem Munde quillt. Einer, als gäbe es nur Worte und Schuld zu verteilen. Einer, zwischen Existenzialismus und der Möglichkeit zu handeln, eingefangen.

Wenn ein Könnte wie ein Wollte, wäre ein Wollen auch eine Können, doch das Beste läuft bei der Geburt schon am Bein runter. Eine Pfütze voller Blut und der, der darüber zu schreiben versucht, ist der, der daran zu Grunde geht.

Die eine Hälfte des Lebens hört man nur Scheiße aus Mündern, die von sich behaupten, alles getan zu haben und denkt nur an das Ende dieser scheiß Elegien von viel zu viel und oft zu wenig Substanz. Die andere Hälfte des Lebens lernt man die Scheiße zu verdauen. Schlussendlich braucht es eine Menge Zeugs, um damit klar zu kommen, aber ohne von diesem Zeug, stemmen sich derlei Gedanken gegen alles Mögliche an Schaffenskraft und zurück bleibt nur der Zeitpunkt eines Sonntags.

I

Winterwende, Frühlingsruf und es künde
Hoch vom Berge freit, tiefe Seelenstille
Ragend karg aus Mahr und Mulde; ein Wille
Erwecket sanft die ewig neue Sünde.
Nach Wein fleißige Brüste ringt der Atem
Kirschblüten Vergnügen und roten Tönen
Wo ein letzter Schnee verflog, letzte Böen
Die dann allesamt einsam sind und klagen.
Traum und Geburt und alles nun, glänzend Lust
Die ein nur Trunken sucht, nur trinkend macht
Von eben jenem Wein die Welt so deutet.
Und ein Fleisch zu treiben weiß, sich reiben
                                              muss
Will es Lebendig sein, unterm Joch der Nacht –
Doch fern, so fern, ein fremdes Fremd geläutet.

II

Fuck flow!

Manchmal stolpert 's Herzen
Einfach so dahin, auf
Treppen oder jetzt
Im Augenblick, wenn 's
Daran denkt, wie 's
Klatschen kann
Und da-rum liegt
Kaum auf Achse, eher
Im Schongang dümpelt
Wenn's stolpert, auf
Die Fresse fliegt
Und Nase blutend
Ach, scheiß drauf
Weiter geht 's
Tragische Moral

Fuck flow!

III

Streng gezogener Mandelblick
Auf weißer Haut der Lippenstrick
Fliegender Schnee so sanft wie leis
Die Saiten zupft ein blinder Greis

Wie Wasser wir plätschernd fließen
Tautropfen darin ergießend
Die Tränen frischer Frühlingsluft
Bist du Liebe bin ich dein Duft

Zur Sommerwende rauschend Blut
Sind Küsse dir ein Kuss in Glut
So Flechten wir uns hin zum Halt
Wie Trennen Winde uns doch bald

Nun wiegt durch Welt sich rot im Kleid
Ein purpurn Himmelssamt ein Weit
Sie fächeln hin die Freiheit lob
Verliebten uns, des and'ren Tod

IV

Zimmermannsgeräusche

Vom Gespinst feinster Späne
Noch sanft, dann umgarnt
Schließlich eingewickelt und
Die Gurgel fest packend
Drücken, hämmern allerorts
Ratschen kalte Kreise durch
Zarte Konturen, zerrieben –
Zuckende Blätter kreischen
Zermahlen die Welt zu Mehl
Nervenmehl – als der Meister
Von drüben der Ecke schreit:
Jesus! Gottverdammich ...
Beweg Dein Arsch hierher!

V

Mir ist nicht danach, keineswegs
Glück in Fülle irgend zu finden, wie
Auch wenn kein Suchen je bestand
Wie sollte sich dieses komponieren
Nein. Ich suche Furcht, meine Angst
In Deinen blauen Augen, wider mich
Der Zeiten Länge, Raum durch Masse
Empor in Dein silbernes Antlitz kriecht
So näht der Augenblick mir Sehen
Diesem Leviathan erdolchend Sprache -
Möcht eine Weile noch im Bilde stehen
Bis Bitternis sanft verrückt. Dein Umriss
Pur blaue Schönheit hinter Glas ...

VI

Was werden sie wohl machen
Wenn die Landesweile obsiegt
Ihre Stille, so Unsichtbar, wo

Gestern noch Feuer lachten
Blumen im Schlamm zertraten
Ketten durch Straßen rasseln

Bleibt heut' alles stumm herum
Zur Morgendämmerung liegen
Setzt Rost an und zerfleischt sich

VII

Zu viel Wort und nichts dazu gelesen
Nur rein geschüttet, besoffen sein
Nicht mehr selbst im selbigen Wesen
Einfach verschüttet, besoffen sein

Bis morgen dann in der Ecke liegen
KO gesoffen zum Superheld auf Zeit
Im Arsch und nochmal abziehen
Mund abwischen weiter schlucken

KO gesoffen zum Superheld auf Zeit
Das faltige Gesicht einer alten Leier

VIII

Abendlich rauschen Winde
Durch exilante Blumenchöre
Vom Meer ziehen Streifen
Um Streifen umher
Landabwärts
Ritzen
Haut und Baumrinde

IX

Eskapismus?! Nein!
Niemals mehr Schädelknast!
Eskapismus ist was
Für Feiglinge oder für
Die verschwindend geringe Menge
Der noch ehrenwert und
Fleißig bis zum Ende
Studierenden
Des Leistungskurses:
Sapere Aude!

Und überall
Wo ich sonst hingehe
Und mich meiner Füße
Müde hinlege, liege
Ich in ausgehöhlten Massen
An hysterischen Schreihälsen
Wuttrunkenen Akademikern
Oder faschistoiden Scheinheiligen
Wo ich doch nur in Ruhe
Dösen möchte und
Vielleicht mal 'n bissel Rauschen
Als Weltempfänger

Ich hab genug von uns!

X

Der Kuss ins blaue Dich
Eine Spur am Himmel
Über Wangen spannt
In Regung überflogen
Glühend weiche Haut
Zu Blasen übergehend
Und fleht nach Spucke
Dem Spiel der Zungen
Indes' Haut auf Haut
Vom Fleische trennt
Der Kuss ins blaue Dich

XI

Irgend Typ, so einer wie Viele

Zwischen Whisky und Internet
Zeitenräume zerrissene Zeilen
In der eng umschlungen, in ein
'nander kollidierende Welten –

Zwei Schatten schmelzen, zu
Einem Licht, einer Sonne doch
Am Horizont und steigend sinkt
Und hinter die Erde blutrot tropft

Eine Nacht später, runderneuert
Aus Federn purzelnd, ein Held

XII

Wo der Tod das Land regiert:

Gegenüber einer Brücke steht
'n alter Sack auf einem Beine
Arm doch dran und ganz alleine
Stürzt kopfüber, hin die Krücke
Und die elendige Mücke noch
Surrend inmitten Seelenhain
Und klatsch in Hände ganz allein
Was 'n Ding, mh?! Alte im Loch
Mücke hin.

XIII

Wolfenstein

Vorsicht, in finstrer Mediengestalt
Durch Narrativen digital, dann bald
In Leibesgestalt, irgend Söhne sind
Stählerne Soldaten wie euer Kind

Geister, Ihr wehend riefet wie nie
Mit Volk und Sturm und Hysterie
Und dann Verliebtet, stille Einsamkeit
Stählerne Soldaten wie Ihr Bleibt

Und Vorsicht! Du verirrtes Wesen
Mit 18 soll Sein und das Erlesen
Was elend Spesen, Vormund sind
Stählerne Soldaten? Ah - ein Kind

XIV

Wintergreise Kinderschar
Hand in Hand gefroren, ein
Geschmolzen Herzen fließen
Zäh an Masse und Gebälk

Talabwärts kriechend, über
Stock und über Stein, und
Bricht anbei nicht nur Bein
Herz und Seele um Verstand

Entzwei – wird sterben wollen
Winterleise Kinderschar

XV

Der Tag erwacht, stopft
Letzte Schlieren Nacht
Inmitten uns und leckt
Am Morgentau Frische

Zieht Wiesenhalme blank
Neigt zum Sturm, gräbt
Mulde und Mar, Ocker
Zerfallen uns' Träume

Fallen samt Himmelwärts
Kaleidoskopischer Stern
Kollabierte Sonnen, Fluten
Weißes Nichts, die Nacht

XVI

Von Welt zu Wahnsinn
Ziellinien in einer Reihe
Verknotete Haut auf Haut
Den Gliedern zur Zierde

Danach dann eingeschult und
Durch Tage schleudernd
Einem Ziel konform gegeben
Zeigefinger zeigen dagegen
Das gleißende Sonnenlicht
Mit tausend Nadeln sticht
Kausale Normen kreidebleich
Auf grünem Hintergrund
Verschwimmen Konturen
Schneiden Grenzlinien –
Ganzes in Unendlichkeiten
Und flechten eine Sprache
Adrette verlegte Blumen
Chöre auf weitem Flur, ein
Überfahrenes Schluchzen
Rot tropfende Ruhe, auf
Hochglanz weißen Fliesen
In irgend' Bad, Wohnung
Haus, Straße, Stadt, Land
Staat, Kontinent, der Welt

XVII

Mechanischer Bursche

Ich vermag keine Morgenröte schmieden
auch kein Himmelslicht begreifen
weder Asphaltgrau mit Zimtfarben pinseln
noch Gold umgürtet Wolken schieben
oder geisternd Streben, flüchtige Zeit
wortkarge Düfte und auch euch
vermag ich nichts zu Füßen legen: so weil
ist mir diese Welt nicht eigen.

Ich pflücke keine Blumen, schleppe keine Namen
nicht einmal verliebt im wogenden Meer
Klimpergeld und Wünsche Trunken
sinkender Träume Abend –
Bodenlos in tiefblauer Nacht.
Und so täfelten die Irren mir, Vergissmeinnicht
indes Lebens lechzend Herzgewitter, dysphorischer
Fluten, rauschender Äther.

(Ihr werdet es kennen) ich will ihr Abbitte flehen
der Brüste mich labend, zyklopische Gier, erlösen
blütensüßer Mensch, sengend
mit Glut und Feuer peitscht, Wesen du
empor dem Götter Funkenflug – verrückt!?
Will diese endlich Last mir aus Organen
schälen – Fleisch um schmückt – und
davon genesen: so weil
Ist mir diese Welt wahnsinnig; hübsch …

XVIII

unsterblich an den Mauern klebt – ein Ideal
das der Morgenröte entliehene Gesicht
mit Leidenschaft sezierte Disziplin
so heimwehschwer zerfetzt es mich

und trennt das Fleisch splittert Knochen
zerfällt in Wogen einer gestorbenen Stunde
sinke in den Schoß zurück
und träufle Gift in mich – in die Wunde

XIX

Sieh! der Wiesenschlund, aufgetan aus Grunde
Zum Quell' explodierenden, zum Aufstieg
Sonnenoktaven geschlagener Stunde
Knabengleiches hoch empor; ein Frühlingslied.
Braune Äcker den Horizont ergossen
Schmelzen – holdem Lieb – Haut auf Haut dahin
Glühen weit in Nächte, im Bund zerflossen
So du Sphäre zarte Luft, ich Brust dir bin.
Und wenn ich könnt' so flöge ich in Höhen
Spannte die Glieder über schwerer Kraft
Ließ Fallen in der Hungersnöten Böen
Leib und Antlitz in den Schoß der Erde gleiten
In die Wiesen, die Äcker, die zwei Horizonte
Die im Grabe aufs Neue mich bereiten.

XX

dieser unschuldige
schlaf. naiv im
blondem haar.
dort nagte wer, am
kegel einer leselampe:
was rühmt die zeit?

in einem wort kredenzt
ausmitten naher schatten
die tisch und stuhl
zu boden warfen. das
stillleben in schwarz –
schwarz

unter dessen weiße lilien
flüchten, in einen
fluss gemalt. wo vom ufer
klangbild übertönend
ein lebloses gedicht, in
stromschnellen vergreist

XXI

Manche freilich müssen draußen nur liegen
Wo klirrend die Blumen um Beete ziehen
Schneegeflockt Eiseskälte die Nasen greift
Und des Windes Krallen die Glieder zerreißt

Aus blauen Moos nur spärlich noch gedeiht
Ein Nebel in des Mondes Sichel Arm geneigt
Raum und Wipfel einander kahl Frost verhüllt
Keine Regung raschelnd mehr durchs Wäldchen
                                                              wühlt

Wo still und einsam leer die Märchen Wogen
Wie jenseits uns die Welt ins Weiß gezogen
Gefroren liegen Schilf wie See mit Schlummer
Die Schwäne regungslos treiben im Kummer

Ein flackernd' Feuerglanz bricht den Sensenreigen
Mit tiefstem Lichterkranz Häuserzeilen weilen
Im hellsten Frohen unter Spannung stehen
Besinnend es kommend Fromm wir nun gehen

So manche freilich müssen draußen liegen
Wo klirrend die Blumen um Beete ziehen
Schneegeflockt Eiseskälte die Ohren beißt
Und des Windes Krallen die Glieder zerreißt

XXII

Die messbare Seite der Welt
ist nicht die Welt;
sie ist die messbare Seite der Welt.
[Martin Seel]

ein abend spinnt dem andren faden
ein meer schank aus leeren bechern
vom sonnengang pur roter farben
voll wein und blauen rächern

uns welt zu unterjochen heißt es
trinken wir die letzten pfützen
durch feuer male und eises feste
mit whisky uns beschützen

alsbald dann nun zu taten wanken
weiß nicht welche welt von beiden
durch frühe stund auf erden schwanken
messBAR schöne zeiten

XXIII

Schmeißt Steine!

In den öffentlichen Raum
Die roten, die Dicken, die Pflaster
Dreht euch nicht lange um
Entnehmt sie einfach dem Raster
Kurz gebückt mit Anlauf drei Schritt
Ist die Straße dennoch keineswegs
Der blutige Schauplatz, sondern
117' Bildschirmdiagonale

Gebt den Steinen eure Namen
Wir haben Hunger!
Wir haben Durst!
Wir wollen Freiheit!
Wir wollen Demokratie!
Wir wollen nie wieder Krieg!
Wir wollen nie wieder Steine
Fliegen sehen!

Dann sind wir auf dem richtigen Weg …

XXIV

Tränen wollt ihr ihm
Unters Müsli mischen
Bananen dazu schneiden
Mit Schuld und Joghurt
Die Ufer säumen
Wenn ihr nach dem Morgen fragt
Ein Du ist unser Zwang
In Gips euch gießen
Manchmal auch umsonst
Nur Zug fahren
Aber Grenzen sind
So wichtig für die Unordnung
Die wie Schatten
Am Rande der Fahrbahn stehen
Nach fünfzig Metern
Vielleicht auch hundert
Schnell genug ist alles
Um die Mauer
Straight edge mit zu nehmen

XXV

Ich weiß nicht welches
Streng katholisches
Krankenhaus

Aber sehe Geister
Wie sie um Tisch und Bein
Tanzen. Sich verlieben
Und nackend ist mir
Als wäre ich selbst
Ein Bettlaken
Das zur Stunde leer
Sich schreibt

Zerrst du mir Schwarz
Tünch ich dir Weiße
Kleckse auf die Nase
Auf den Busen und
Morgen werd' ich wach
Und du wie ich
Denken wieder
An die Geisterstunde

XXVI

Als ich deine Eltern tötete
War es Sommer draußen

Die Vögel piepten wer lachte
Zwei Verliebte erröteten

Eine Clique machte Sause
Charlie ans Häufchen dachte

Mitten ins Geschehene
Leichte Wellen kreisen

Vom Mittelpunkt per See
Eine Pfütze ins Entlegene

Die Finger auf uns zeigen
Erbrochen ist die gute Fee

Und das schlechte Essen
Jeden Tag der gleiche Shit

Wo Sterne aufgegriffen
Mahnmal ums Vergessen

Sind wir denn niemals quitt
Hat die Zeit uns beschissen

XXVII

Als Masochist da hat man's leicht
Da geht man vor und bückt sich gleich
Doch weh wird dem der's vergessen
Margarine und sein Mittagessen

Lange dauert's malträtieren
Wund die Knie auf allen Vieren
Von Anfang an es flutschend fehlte
Und der Hunger dabei quälte

Hörst du hier und dort die Rufe
„Müller Maier hoch die Kufe!"
Reißverschlüsse auf und nieder
Klingen Masochisten Lieder

Dein Land ruft auf zur Hier-arsch-hie
Und lernst du Lümmel auch nicht wie
Den Knigge des Sadismus gern
Dann zieh ihn blank den roten Stern

XXVIII

+ Winterherz +
][zum Muttertag]

Alles zu verlieren, unter einem Dach
Wo die Räume zur Festung, zum
Schutz nach außen dienen, nach
Innen aber, Knast und Folter deuten

Schreie perlen von der Tapete ab
Seelenhunger wird gestopft mit
Zuckerwatte, das Herz, das bricht
Mit Scheiße ahnungslos übertüncht

Und dann wollen Sie vom Frieden
Ein Stück lieb kosten, Lieder singen
Empor dem Glück, Himmel bereisen
Und lösen ein Ticket in die Hölle

Idiotie? Nein! Rigide Realität …
Totaler Sieg oder Niederlage, nur
Unbedachte Zerstörung, Tränen -
Momente der Ruhe, inmitten Krieg

XXIX

Einmarschiert
Stechschritttrommeln
Mit späten Stunden
Ein Mondverhangen
Schweigen

Walzen, wie aufgezogene
Uniformierungen
Aus Nebel
Zwischen Lichtkegelalleen
Steigen

Aus ummantelter Nacht
Halbkreise geschält
Aus finsterem Schlund
Ins Licht gespuckter
Augenschlag

Violett, tiefblau
In Tinte eingetaucht
Und verschwunden …
Wenn Regentrommeln
Durch Sommer tönen

XXX

Scheiße ... Ohne Glotze ist der Junge groß
                                        geworden
Hier glotzen Millionen auf 'nen Jungen, von oben
Hämmern, stampfen, zappeln, einen Einerlei
                                        oder

Zweierlei im Halbkreis, zerstoben in den Wellen
Tranchierte Basslinien in die Luft geworfen,
                                        zittern
Bei Leibe schlängelnd, Licht verschmiert und hier

Wie dort der glotzlose Typ im Nachtgewandt, ein
Blauer Dunst auf Sensenmann die Brust gestickt
Ich mag's. Zöge es gar noch länger vor zu weilen

Im lichten Staunen taktschnipsender Koryphäen
Rausch mehrspuriger Stereotypen durch'n Wind
Kontraktionen, Reaktanzen – rauchigen Korpus

XXXI

Zum Banjo noch 'n Bier?
Danach zähl er mich ins
Bett, schäl ihn heraus
Aus dem Abendlicht, der

Schreibenden Schatten
Ein Gemälde kreierte
Wut, Furcht und Heiter
In die Ritzen schmierte

Scherbelt eines nach 'm
Anderen wie Ikonenkult
Symbolisch ausgeleiert
Mit dem zum Traktat

Einer Nähmaschine, in
Den Stoff hinein, ein-
Gedrungen, abgetaucht

Als die in Grauzonen
Oft verkannten Eisbären
Cold-Wave; Feierabend

XXXII

Heute im Paket, oh welch Freude Leude
Meine Laserwaffe aus 'm Darknet War-mazon
Das Gerät pures Sumsum und Laser, piu piu
Ausgepackt, zusammengesteckt, gecheckt
Munition geladen, Strom gespeist und
Wortwaffenschmiedemeister begeistert

Xpress M zwei sechs zwei fünf D Printer
Tausendzweihundert Munition im Toner
Sechsundzwanzig Schuss pro Minute

Eco Betrieb mit sechshundert Megahertz
Im Taktbetrieb, Duplexmodus für 'nen
Sparsam Schuss auf zwei Seiten. Ein
Heute im Paket, oh welch Freude Leude
Meine Laserwaffe aus 'm Darknet War-mazon
Das Gerät pures Sumsum und Laser, piu piu

XXXIII

Weißes Blatt frisst Seele
Weißes Zeug frisst Angst
Angst aber füllt weißes Blatt
Einundzwanzig Gramm

Mehr oder Weniger wiegt
Das Ding auf 'm Augenlid
Um unseren Schlaf lyncht
Rote Farben übertüncht

Wie Geschichten über uns
Und die Wolken darunter
Uns kitzeln die nackten Füße
Fließen Genüsse Heraklits

Eigentlich aber geht's um Nichts
Also um Alles und die Angst
Angst aber füllt weißes Blatt
Weißes Blatt frisst Seele

XXXIV

Октябрьская революция

Es ist nicht dabei geblieben.
Bei dieser Städtereise, Du
und Das lyrisch Ich daneben

Wir beide zueinander, die
Weiten in uns, ferner lieben
Mit Wörtern penetrieren

Dabei laut ausschreiben
In die Innenarchitekturen
Deflorierter Wohnstuben

Und aufgepunktet ziehen
Vergängliches bezwingen
Bis zur großen Explosion

Oktoberrevolution, der
Ganz normale Wahnsinn
Mit Schreibschrift mit Laut

XXXV

Wir fordern Geduld von der kritischen Masse
Die vereinzelt oder Reihenweise platzen
Philosoph hier und Dichter dort, ein Plopp
Das Ausreizen von Tonleitern, der Länge

Klar, nach unten steigen; Plopp, Plopp , P l o …
Die Welt ist nicht schön gegen sieben Uhr dreißig
Auch nicht besser gegen zwölf, dazwischen
Taumeln zauberhafte Stunden träumerischer

Durch Exogene schwarz weiß Korridore, Horror
Auf kaltem Flur etablierten Nobelfassaden
Lichtraumprofile lechzende Aufmerksamkeit

Klagen, ringen einander auf offener Straße
Wo ein Fährmann ohne Einhalt schleicht
Raum sucht, wohl an, nicht in diesem Leben

XXXVI

Vom Krieg, drei Pädagogen
Deutschland versus Polen
Das Ende vom Lied und
Schönste Satz, Danke Mama
Danka Papa, für unsere
Katholische Erziehung und
Was sich so alles fröhlich
Machen lässt. Viele Sätze
Sind gefallen, Deutschland
Verliert den Kampf, haben
Weltkriege getrunken, sind
Durch deutsche Städte gestürzt
Düsseldorf, Köln, München
Das Ende Zwangsurlaub
Sydney war auch dabei, der
Rote Stern auf grünem Grund
Ganze Bataillone verloren
Auf Pfaden geistiger Nächte
In frühen Morgenstunden
Zur Entscheidung gedrängt
Sieg oder Niederlage, zwei
Begriffe nur, die für Begriffe
Stehen. Das war's, Das war
Ein Stück Oktoberrevolution
Unter den Fingernägeln klebend

XXXV

Didaktisch, dort wo Differenzen bröseln
Daran aufzugehen, aufzulösen, wie
Mythen durch Eselsmilch watend eine
Sisyphusarbeit nach der anderen

Hast Du eine Aufgabe gelöst, schon
Frisst die nächste einen, als sei 's
Hydra höchstpersönlich aus Hades
Im Weltenschoß und aufgeschlossen

Einen Unterweltenblues verkaufen
Eine Rotlichtbar mit grünen Lettern
„Zum Pop-eye" irgendwo inzwischen
Zum Mond geflogen und zurück. Um

Einen scheiß lausigen See gejoggt
Und Stereotypen mit Tussies und
Langweilige Hundebesitzer zum Gruß
Benickt und fröhlich in See gepisst

Knoten gelöst fix nach Hause rattern
Kurz drüber schreiben, Tee saufen
Das Buch zum Meditieren suchen
Noch mehr Tee saufen und lesen

Charles Bukowski – Ende der
Durchsage – Gedichte – Scheiße
Der zeugte bisweilen sechs Haufen
Spannungsweiser Wertungen …

Ein authentischer Bukowski eben
Der hat siebenhundertdreißig Seiten
Mir fehlen noch fünf Gedichte
   ➔ Abschließend dem Krankenhaus

XXXVI

Nach Euphorie, dem Handschlag
Mit der Sonne über'n Kirchturm
Nun der Tiefflug mit knatterndem
Ton, aus Licht geschält im Nu

Zum Sturzflug ansetzen, ins Visier
Genommen, den Gashahn hoch
Den Knüppel runter samt Seiten
Ruder und Tragflächen einklappen

Wusch – im Widerstand der Luft
Eine paar Atemzüge noch und
Anhalten, der Asphalt ruft, die
Erde klagt, Matsch, das war es

Aufstehen, Buchse hochziehen
T-Shirt zurechtzupfen, über die
Glatze streichen und den Staub
Ausklopfen, weiter im Text ...

XXXVII

Sprachspiel mit Anfassen
Mit Handauflegen in Linien
Und Zeigerfinger knoten
Im Liliental am Ententeich
Wortspiel mit Ausziehen
Mit gespreizten Augenblick
Und Licht kitzelnder Haut
Im Liliental am Ententeich
Schreibspiel auf Papier
Mit gespitztem Tuschekiel
Und kalligraphischer Lust
Im Liliental am Ententeich

XXXVIII

Kreisbewegungen im Augenlicht
Marschieren zuletzt geschlagene
Eiweiße, auf Permafrostkristallinen
Durchkreuzen Raum, durchlaucht

Die Wortfäden, die gesponnen
Wie Zuckerwatte im Schoß einer
Genossin und Genossen kleben
Die ihr Spiel wie viele spielen

Hinter den Wiesen der Stadt
In den feuchten Kellerzonen
Gewissen und Kulissenhaft

Und kaltem Winterhades
Von Einsamkeit aber sprechen
Wir nicht, nur vom Geschmack

XXXIX

Namensgleiche Gesichter
Die in die Frühe starren
Einen Blick aufbinden
Recht frappierendes Konterfei

Gleiszüge unter Tage
Huschen, von einem Licht
Punkt zum nächsten
Und zurück, zweischneidig

Verwischte Münder
Augenschmierereien
Im Glaswagen spiegeln Linien
Wie die Falten, wenn

Du lachst, in deinem
Gesicht und mich ansiehst
Rattern U-Bahnen takt-
Los über uns hinweg

XL

In Tanzschmelzen blechern
Knöcheln Tiefen orthografisch
Eingeschmolzen Licht und Schatten

Ihre Geschichten verlagern
Atypisch und systolisch
Fetten Beat auf Leinen

Klammer dran und Sonne
Drauf, mitten in der Nacht
Sinuskurven durchzittern

Drehen, nach Fest kommt ab
Aber erstmal abzappeln, dann
Aufweichen, dann Schreiben

Schließlich wird einer von uns
Abschaiß'n, aber richtig
Bis zum Wunsch wunschlos

XLI

Dichter Sonntag –
Von MG-town nach
Lüd-City nach Haus

So richtig Schwung tritt nicht heraus
Eher elendig schleppen Worte Sinn
Zugeschnürt bis unters Kinn, hinfort

Schmieren mit Fäkalien wie es die
Dehydrierten tun, schmieren alles voll
ohne jedwedes Tun und Unterlassen

Uff ... schlimmer als der Gestank
Die grotesken Ausmaße freier Flächen
Mit allerhand vollgeklatscht, jedoch

An anderer Welten Sternenseite
Lichtverwirbelnd und der Sprache
Allzu oft verschlagend, schlingend

Auf der anderen Seite die Schönheit
Herr Gott im Himmel eines Deiner
Engel mh? Mit Worten Leo Tolstois

Trotz irgendwem Kurzsichtigkeit den
Lebendigen Reiz ihrer Schultern und
Ihres Halses in sich aufnahm, und so

Weiter im Krieg und Frieden, Seite
Zweihundertachtundsechzig Band eins
Und zur Beruhigung 'n isotonisch Trunk

Dann Lauf ich mir die Antworten
Vom Balg und dreh Fragen auf, in
Der Hoffnung auf ein paar Gedichte